DE L'EXERCICE DU DROIT DE PRÉSENTATION DANS LA TRANSMISSION DES OFFICES EN ALGÉRIE

par

IVAN LAPAINE

ATTACHÉ AU CABINET
DU
Directeur général des Affaires civiles et financières

« Il faudrait être aveugle pour ne point
» désirer de tout son cœur la suppression de la
» vénalité des offices, supposé qu'en ce cas les
» charges fussent distribuées par la pure con-
» sidération de la vertu... : il y a des abus
» qu'il faut souffrir, de peur de tomber dans des
» suites de plus dangereuse conséquence. »

(*Testament politique du cardinal de Richelieu*).

ALGER
TYPOGRAPHIE ET LITHOGRAPHIE A. BOUYER
Rue Bab-Azoun, 12

1874

DE L'EXERCICE

DU DROIT DE PRÉSENTATION

DANS LA

TRANSMISSION DES OFFICES

EN ALGÉRIE

I.

La question de l'application en Algérie du régime de la libre transmission des offices n'est point une question nouvelle et qui se présente pour la première fois dans le champ de la discussion : le public, les publicistes, la presse, nos assemblées départementales elles-mêmes, l'ont agitée à plusieurs reprises.

Elle est trop étendue d'ailleurs, et trop complexe, pour que l'on en puisse entreprendre l'étude dans un travail de la nature de celui que nous présentons au public. Nous voulons donc nous borner à résumer rapidement les arguments qui ont été échangés de part et d'autre, dans la lutte, parfois fort vive, qu'elle a soulevée ; — à mettre en relief certains points qui nous ont paru jusqu'ici négligés; — à faire certaines réserves sur quelques autres.

Si l'on se place, en ce débat, sur le terrain purement théorique, la solution en semble toute tracée : la vénalité constitue, en principe, un monopole immoral et injuste. Mais il convient de se placer aussi au point de vue, tout pratique, d'une expérience que l'on ne saurait attendre que des officiers publics et ministériels eux-mêmes, si leur intérêt personnel ne leur interdisait d'ailleurs de se porter juges en leur propre cause.

Or, envisagée de la sorte, la question se présente sous une face toute nouvelle, que nous allons étudier.

II.

L'origine de la vénalité des offices est dans le besoin pressant d'argent qui poussa la couronne à se déposséder peu à peu de tout privilége aliénable.

Etablie légalement en France vers le milieu du XVe siècle, la vénalité était tombée, vers la fin de l'ancien régime, dans un discrédit d'autant plus grand, que son abolition avait été, de tout temps, l'objet de vœux répétés de la part des Etats-Généraux. Nos rois eux-mêmes l'avaient, par de nombreuses Ordonnances, formellement condamnée: ceux-là mêmes, qui en avaient le plus abusé, l'avaient flétrie avec énergie.

L'Assemblée constituante la supprima successivement pour tous les Offices : (Déclaration de la nuit du 4 août ; — Décret des 16-29 novembre 1789 ; — Décret des 29 janvier — 20 mars 1791 ; — Constitution du 3 septembre 1791 ; — Décrets des 29 septembre et 6 octobre 1791).

La loi du 20 mars 1791 et de nombreux décrets postérieurs eurent pour objet de régler la liquidation et le remboursement des indemnités allouées aux titulaires des offices supprimés ou dont la vénalité et l'hérédité avaient été abolies.

Ces diverses mesures ne survécurent point toutefois au mouvement révolutionnaire. La transmission vénale reprit insensiblement son cours, tolérée par les gouvernants, consacrée par les Réglements de certaines corporations.

Bientôt parut la Loi de finances de 1816. — L'article 91 de cette loi était ainsi conçu :

« Les avocats a la Cour de Cassation, notaires, » avoués, greffiers, huissiers, agents de change, cour-

» TIERS, COMMISSAIRES-PRISEURS, POURRONT PRÉSENTER A » L'AGRÉMENT DE SA MAJESTÉ DES SUCCESSEURS, POURVU » QU'ILS RÉUNISSENT LES QUALITÉS EXIGÉES PAR LES LOIS. » Cette faculté n'aura pas lieu pour les titulaires destitués. — Il sera statué par une loi particulière sur l'exécution de cette disposition, et sur les moyens d'en » faire jouir les héritiers ou ayant-cause desdits officiers. Cette faculté de présenter des successeurs ne déroge point, au surplus, au droit de Sa Majesté de réduire le nombre desdits fonctionnaires, notamment » celui des notaires, dans les cas prévus par la loi du 25 » ventôse an XI sur le Notariat. »

Quels furent les motifs de cette sorte de retour aux errements anciens?

M. Jeannest-Saint-Hilaire (1), partant de cette idée, que les anciens ministres de justice de la monarchie n'avaient reçu, en échange de leurs offices, que des assignats, y a vu « l'acquit d'une dette d'honneur de la vieille monarchie. Louis XVIII ne devait-il pas à ses ancêtres de restituer les offices dont-ils avaient touché le prix ? N'était-ce pas pour lui d'une bonne politique, de réparer le tort que la République avait causé ? L'essence de son gouvernement était de ramener la nation au culte du passé. Le Consulat et l'Empire avaient restitué aux émigrés ceux de leurs biens que la République n'avait pu vendre ; la Restauration pouvait bien se croire obligée à la restitution des offices. La loi de 1816 ne fut que la quittance de cette dette loyalement reconnue. »

M. Dard (2), fort de l'autorité du Conseiller d'Etat rédacteur de l'article 91, et de celle de plusieurs membres de la commission, voit, à un point de vue analogue, dans la concession faite aux officiers ministériels, une mesure politique tendant à la fixation et à la conservation des

(1) *Du Notariat*, p. 96.

(2) *Traité des offices*, p. 321 et 324.

offices dans les familles qui en étaient alors en possession.

Pour nous, tout en reconnaissant que cette double considération politique n'a point été étrangère à la présentation de l'article 91, nous croyons, ainsi que M. Perriquet (1), que cette considération fut au moins puissamment secondée par une considération purement financière. L'invasion de 1815 avait jeté un grand désordre dans les finances de l'Etat : il fallait, pour le budget de 1816, faire face à des dépenses extraordinaires. Le décret du 18 janvier 1814 avait suspendu la loi du 3 septembre 1807, et rendu libre le prêt à intérêt. Le taux de la rente 5 °/₀, abaissé à 95 francs, n'était remonté qu'à 98 fr. L'on pensa à trouver des ressources, pour satisfaire aux besoins du moment, dans l'augmentation du taux des cautionnements des officiers publics. Mais on résolut d'accorder une compensation au sacrifice qu'on leur imposait ; l'on concéda à un certain nombre d'officiers et de fonctionnaires publics une faculté analogue à celle qui appartenait aux titulaires des anciens offices : tel fut le but de l'article 91 de la loi du 28 avril 1816.

Cette disposition ne fit toutefois que régulariser législativement une situation qui existait en fait depuis plusieurs années ; et les lois des 21 avril 1832 et 25 juin 1841, en soumettant la transmission des offices à un droit de 2 °/₀, comme mutation mobilière, ne firent, ainsi que l'observe Dalloz, qu'appliquer à la matière les véritables principes de la loi fiscale.

Ajoutons, dès à présent, que la loi du 19 mai 1849 vint rendre les différentes dispositions de la loi de 1816

---

(1) *Traité théorique et pratique de la propriété et de la transmission des offices ministériels*, par M. E. Perriquet, docteur en droit, avocat à la Cour de cassation et au Conseil d'Etat : ouvrage tout récent, qui présente, en même temps que des solutions neuves et des vues originales, un tableau d'ensemble, fidèle et bien ordonné, de la délicate question des offices.

applicables dans les colonies de la Guadeloupe, de la Martinique, de la Réunion et de la Guyane française.

Nous n'entrerons point dans l'exposé théorique du droit de présentation qui résulte de la loi de 1816 : tel n'est point le but de ce travail.

Qu'il nous suffise de rappeler, en peu de mots, que ce droit engendre une sorte de propriété *sui generis*, qui, impliquant, comme tout droit de propriété, la faculté d'aliénation, a pu, jusqu'à un certain point, faire revivre le régime *de la vénalité* (1).

III

Il semblerait résulter de cet historique, si l'on se plaçait tout d'abord au point de vue fiscal, que la vénalité des offices constituât un régime essentiellement nuisible aux intérêts de l'Etat.

Nous venons de le voir, en effet : à des époques différentes, l'origine de cette vénalité fut toujours dans le besoin d'argent, qui poussa les gouvernements à escompter l'avenir pour faire face aux exigences du moment.

La *finance*, sous l'ancien régime, était une *créance* sur le roi qui avait vendu la fonction, créance représentative des deniers qui avaient été versés par le premier acquéreur de l'office. Cette créance était évidemment un véritable privilége contre l'Etat : la preuve en est, qu'il fut solennellement sacrifié, avec tous les autres priviléges, dans la fameuse nuit du 4 août.

La nature de cette *créance* n'est aujourd'hui plus la

(1) Nous nous servirons indistinctement, dans le cours de ce travail, de ces expressions : *régime de la vénalité*, de la *libre transmission*, du *droit de présentation*, ces différents termes exprimant à divers points de vue, la même idée. — Le terme de *régime du droit de présentation* nous semble pourtant répondre plus exactement à la situation créée par la loi de 1816 : c'est celui qui, forme le titre de cette étude. La présentation est le *droit;* la vénalité est le *fait* qui en résulte ; la libre transmission est le *principe* qui les domine tous deux.

même, il faut le reconnaître. Le Gouvernement a, sur le traité et sur ses conditions, un pouvoir de contrôle qui distingue profondément les offices, tels qu'ils sont institués de nos jours, des offices vénaux et quasi-héréditaires de l'ancienne législation.

La *créance* n'en subsiste pas moins, au fond. Or, toute créance implique une dette passive.

La constitution de la vénalité des offices apparut bientôt, en effet, comme une aggravation de la dette publique, qui ne cessa de peser lourdement sur l'Etat. Celui-ci tenta à plusieurs reprises de la secouer : il ne fut arrêté que par l'énormité du chiffre de sa rançon.

Il serait donc puéril de le nier : l'application en Algérie du régime qui a cours dans la métropole, serait, de la part de l'Etat, l'aliénation volontaire d'une force immense, d'un moyen d'action qu'il ne pourrait ressaisir.

Il nous paraît même inutile de venir opposer ici les avantages pécuniaires qu'il retirerait tant du droit de 3 % que la loi du 28 février 1872 établit sur les actes contenant transmission d'offices, que du droit de 20 % qu'aux termes de l'article 12 de la loi du 25 juin 1841, le titulaire, lors de la création d'un office, paie, pour l'obtention *du titre nud*, sur le chiffre du cautionnement auquel il est assujetti (1). Les quelques milliers de francs qui résulteraient, pour l'Etat. de la perception de l'un et de l'autre de ces droits, seraient-ils en rapport avec le sacrifice qu'ils seraient destinés à compenser ? Nous ne le croyons point, à la vérité.

Mais nous serons d'autant plus à l'aise, pour plaider la

---

(1) Cet argument est mis en avant, avec beaucoup d'habileté, dans une brochure anonyme qui a paru, il y a quelques mois à peine, dans notre ville, sous ce titre : *De la libre transmission des offices en Algérie.* Quoique nous soyons loin d'en accepter, sur certains points, les conclusions, nous croyons devoir signaler ce travail, qui présente, en quelques pages fort courtes, un assez bon résumé de la question.

nécessité de ce sacrifice. que nous en aurons plus franchement reconnu toute l'étendue.

Or, nous sommes persuadé, quant à nous, qu'un examen sérieux et désintéressé des objections qui peuvent être opposées aux considérations présentées par l'administration,—que la force des motifs sur lesquels ces objections sont basées, ainsi que la raison de haute convenance dont elles s'inspirent, doivent conduire tout esprit sincère à préférer à l'intérêt fiscal certains intérêts sociaux, que l'on ne saurait, après tout, séparer des intérêts de l'Etat.

IV

Nous avons parlé de *raison de haute convenance :* la libre transmission des offices, en effet, (et c'est là le point sur lequel nous voulons insister), quoiqu'elle ait pour résultat la vénalité des charges, constitue un principe essentiellement MORAL.

De la libre transmission naît la *tradition*, ce lien *de mystique énergie,* — selon la forte et belle expression de Loyseau, — dont l'autorité donne aux liens de droit leur consécration la plus haute. Sur la tradition sont assises les bases les plus inébranlables de l'organisation sociale : la famille, la propriété, les mœurs publiques. C'est la tradition qui a fait cette admirable magistrature française, dont l'intégrité, la droiture et la loyauté vont puiser leurs racines jusque dans nos annales parlementaires. C'est la tradition qui a fait cet humble tabellion de province, dont les comédies du temps se moquèrent si agréablement, mais auquel certaines familles de notre aristocratie ont su rendre justice, lorsqu'elles ont dû à son dévouement obscur la conservation de leurs biens patrimoniaux et parfois jusqu'à la sauvegarde de leur honneur. — La tradition, dans les offices, de même que, dans le commerce, la *raison sociale*, est la garantie du crédit ; elle fonde et perpétue la clientèle : « Heureuse situation, disait en 1829 M. Dupin, dans le comité secret de la chambre des députés, — qui rappelle sans cesse au père de famille qu'une vie honorable est pour lui un moyen infaillible d'accroître son patrimoine, tandis qu'une conduite déloyale entraînerait sa ruine ! »

De la libre transmission naît l'indépendance de caractère, cette caution de l'impartialité. Loyseau, malgré l'époque et le milieu dans lesquels il vivait, l'avait bien pressenti lorsqu'il considérait la vénalité des charges comme *une asseürance de la foy publique* : les législateurs de la révolution l'avaient bien reconnu, lorsque, chargés de préparer le projet qui devint la loi des 29 septembre — 6 octobre 1791, ils ne purent s'empêcher d'avouer que la bonne composition de la classe des notaires était due à la faculté qu'ils avaient de choisir leurs successeurs.

De la libre transmission naît ce droit primitif et imprescriptible de la propriété, qui est la condition nécessaire des rapports sociaux. préside à la constitution de la famille et résulte, comme la Loi, *de la nature même des choses.* « Car c'est aussi une propriété, s'écriait, le 25 ventôse an XI, l'Orateur du Gouvernement, que cette clientèle acquise par une vie opiniâtre. Si, dans la place qu'il occupe, l'officier ministériel ne peut jamais espérer de pouvoir, en aucune manière, disposer de cette propriété, il se regardera comme un simple usufruitier, *et il exploitera son emploi comme un usufruitier exploite la terre dont un autre a la nue propriété.* »

La libre transmission opère la constitution de la corporation, c'est-à-dire l'association mutuelle et ses bienfaits, l'organisation administrative et sa réglementation salutaire, la solidarité d'intérêts et sa puissante unité d'action, la solidarité morale surtout et les moyens coërcitifs qu'elle met aux mains des Conseils pour veiller à l'honorabilité du corps, à sa considération publique.

Sous le régime de la nomination directe, le gouvernement ne dispose, à l'égard du titulaire coupable, d'autre instrument de discipline que la révocation, mesure violente devant laquelle il recule jusqu'à la dernière extrémité.

Sous le régime de la transmission, au contraire, non seulement le conseil de l'ordre peut faire application de diverses mesures graduées proportionnellement à l'importance de la faute, depuis le simple avertissement officieux jusqu'à la censure et à la suspension, mais il peut encore procéder au moyen d'une sorte de pression morale qui, tout en épargnant à la corporation les graves inconvénients d'un scandale public, est, le plus souvent, assez efficace pour obliger le coupable à une démission spontanée.

« Le conseil de l'ordre, dit Dalloz, exerce une surveillance qui a, pour premier moyen d'action, une agrégation préalable à la corporation, à la compagnie, dans une qualité qui n'est point définitive, mais qui permet d'étudier l'aptitude du postulant et de faire connaître sa moralité. Les compagnies sont, en réalité, maîtresses des choix qui les recrutent, et, comme ceux qui veulent entrer dans leur sein ne l'ignorent pas, ils prennent d'avance l'esprit de ces compagnies, ils en étudient les devoirs et se préparent à bien faire. Si le gouvernement était seul maître, cette direction ne serait point acceptée, et certainement les intérêts du public en souffriraient. »

Le conseil, ajouterons-nous, peut même introduire dans la discipline intérieure de la corporation certaines dispositions préventives, qu'il serait hors du pouvoir des parquets de leur imposer. C'est ainsi que la chambre des notaires de l'une de nos plus anciennes villes parlementaires a réussi à imposer à tous les membres de la compagnie l'adoption d'un système uniforme de comptabilité, qui permet à un délégué du Conseil de vérifier rapidement et sûrement, par une inspection périodique, l'état réel des livres et des caisses. Nous citons ce fait, parmi plusieurs, comme un exemple remarquable des garanties que peut offrir, dans l'organisation des offices, une solidarité qui ne saurait prendre naissance que dans le principe de la libre transmission.

Sous le régime de la nomination directe, chaque mutation de titulaire cause, *dans la pratique*, une solution de continuité fâcheuse, tant au point de vue de la transmission des minutes et dossiers, qu'au point de vue de l'élection de domicile. Sous le régime de la vénalité, au contraire, l'intérêt de l'officier successeur lui même, opérant une tradition régulière, sauvegarde tous les intérêts du client, comme il dissipe toutes ses craintes.

La loi interdit à certains officiers ministériels, tels que les notaires, de faire des opérations de banque pour leur propre compte. Mais, sous le régime de la nomination directe, n'est-il point à craindre que l'officier, ne pouvant se résoudre à laisser ses capitaux improductifs, ne considérant, à juste titre, sa charge que comme un capital dont il n'a que l'usufruit momentané, et ne retirant d'ailleurs de son cautionnement qu'un intérêt minime, viole cette prohibition éminemment prudente et engage dans des spéculations désastreuses, tant que ses propres capitaux, ceux qui lui sont confiés ? Le régime de la libre tranmission n'offre point de tels dangers. Pour l'officier ministériel, sa charge constitue la valeur représentative de son capital ; l'améliorer, c'est faire fructifier son capital ; il n'éprouve plus la tentation d'aller demander à des opérations hasardeuses des revenus plus ou moins légitimes, plus ou moins assurés, et ainsi sont préservés, avec ses propres capitaux, ceux de ses clients.

Enfin la nomination directe n'est-elle point, à tout considérer, une véritable atteinte au droit, qui doit incontestablement appartenir aux justiciables, de choisir leurs conseils, les dépositaires de leurs intérêts privés ?

Les justiciables ! mais ne sont-ils point les premiers à bénéficier, d'une façon immédiate, des divers avantages qui viennent d'être énumérés ? Les premiers, ne sont-ils point intéréssés à la transmission régulière des charges ? Les premiers, ne sont-ils point en droit d'exiger, de la part de l'officier ministériel, cette indépendance d'esprit dont le principe de la libre transmission est, nous l'avons vu, le meilleur gage ? Les premiers ne ressentent-ils point les effets, de cette saine et forte tradition dont nous avons parlé plus haut ? Les premiers, enfin, ne sont-ils point destinés à trouver dans la constitution de la corporation, dans la solidarité d'intérêts à laquelle elle donne naissance et dans les moyens de coërcition qu'elle met aux mains des chambres de discipline, des garanties qu'ils ne sauraient assurément demander au régime de la nomination directe ?

Le cautionnement peut-il servir d'équivalent à ces divers avantages ? — Non, sans doute; et, comme le fait justement observer l'auteur d'une brochure que nous avons eu déjà l'occasion de citer (1), « ce cautionnement devient tout-à-fait illusoire, si on le place en parallèle avec le chiffre auquel peuvent atteindre les intérêts ou les droits que l'officier ministériel est appelé à sauvegarder, à défendre ou à revendiquer. »

L'intérêt du titulaire, au point de vue du choix de son successeur et des conditions diverses dont ce choix doit être entouré, n'est-il point le même que l'intérêt du justiciable, et pour ce dernier, quelle garantie plus solide que cette communauté d'intérêts ?

V.

Telles sont les considérations générales qui militent en faveur de la libre-transmission des offices.

Or, ces considérations se peuvent-elles appliquer à l'Algérie ? — En d'autres termes, quelle est la raison d'être de l'omission dont l'Algérie a été l'objet dans la loi du 19 mai 1849, et y a-t-il lieu de faire cesser la situation exceptionnelle qui a été créée par cette loi à notre colonie ?

M. Eug. Durand, (2), a cru trouver la raison de cette omission dans les circonstances au milieu desquelles

---

(1) *De la libre transmission des offices en Algérie.*

(2) *Des offices considérés au point de vue des transactions privées et des intérêts de l'Etat.* — 1863.

fut portée la loi du 19 mai 1849. Quelques années auparavant, certaines fautes graves, commises par des notaires, avaient vivement ému l'opinion publique : « On » voulut, sans prendre garde que la sévérité conduit » quelquefois à l'injustice, prévenir en Algérie, par des » mesures énergiques, la reproduction des abus reprochés au notariat sur le territoire continental de la » France. » Alors fut pris, par le Ministre de la guerre, l'arrêté du 30 décembre 1842, dont l'article 14 prohibait de la façon la plus formelle toute cession d'office, interdisant même à l'ancien titulaire le droit de stipuler une indemnité pour la remise de ses minutes et de ses répertoires : et cet arrêté, selon M. Eug. Durand, aurait été la cause de l'exclusion de l'Algérie du bénéfice de la loi de 1849.

Cette raison ne nous paraît point suffisante. Nous en trouvons une autre, plus simple et malheureusement plus plausible, dans l'indifférence et dans l'ignorance dont l'Algérie a été trop longtemps l'objet de la part de la Métropole.

Lorsque la loi du 19 mai 1849 fut portée, notre grande colonie jouissait depuis deux mois à peine, (depuis le 14 mars précédent), du droit, qui lui fut d'ailleurs promptement retiré, d'envoyer des représentants à l'Assemblée nationale: la voix des nouveaux venus ne fut point écoutée. La loi du 19 mai, d'autre part, était, de même que la loi de 1816, une loi de finances : la gravité des intérêts fiscaux, qui en étaient l'objet, fit oublier les intérêts particuliers qu'elle mettait en jeu. C'est à peine si l'article 91, qui nous occupe, fut discuté au sein de la commission; il ne le fut point du tout dans le sein de l'Assemblée, et passa comme inaperçu.

Quoiqu'il en soit, nous ne pouvons nous empêcher de nous étonner que l'on ait pu, à ce sujet, poser la question de la sorte : — Le moment est-il bien venu d'accorder à l'Algérie le bénéfice de la loi qui régit la Métropole ?

Qu'est-il donc besoin d'attendre, et qu'attend-on ?

Toutes les considérations que l'on peut faire valoir en faveur de la vénalité, dans la métropole, n'acquièrent-elles point au contraire une force nouvelle, un caractère de haute convenance et d'intérêt de premier ordre, lorsqu'il s'agit d'une colonie de fondation récente, d'une organisation qui a besoin de s'affermir, d'une société à peine formée dont les lieus ont besoin d'être resserrés, d'une société qui a besoin de se faire *une tradition* ?

Où donc, plus que dans un tel pays, dans une telle société, importe-t-il de créer la clientèle, en provoquant le crédit et la confiance ; — de préparer la transmission régulière des charges, en prévenant toute solution de continuité dans la marche des affaires, tout embarras dans leur expédition ; — de donner aux justiciables des garanties sérieuses ; — de créer de toutes pièces un capital puissant et tout local, qui aura pour résultat immense d'attacher au sol les officiers ministériels et publics, dont toute l'ambition, aujourd'hui, est de rentrer dans la mère-patrie, après avoir tiré le plus de revenus possible d'une charge obtenue sans bourse délier et qui ne représente pour eux aucune valeur ; — de mettre aux mains des conseils de discipline des moyens efficaces de coeircition; — d'assurer, en écartant toute pensée d'intrigue et de faveur, l'indépendance de caractère des officiers publics; — de les préserver de toute tentation dangereuse, en satisfaisant au désir légitime, qu'éprouve tout père de famille, de faire fructifier son capital et de préparer aux siens, après lui, un avenir que, par une situation bizarre, rien ne garantit aux familles des officiers ministériels, pas même une caisse des retraites ; — de *moraliser*, en un mot, s'il est permis de se servir d'une telle expression, les clients et la corporation tout à la fois ? — car, nous le répétons, en suppliant de ne le point perdre de vue, LE PRINCIPE DE LA LIBRE TRANSMISSION DES OFFICES EST, AVANT TOUT, UN PRINCIPE ESSENTIELLEMENT MORAL.

Et ce n'est point tout. L'application de ce principe

présentera en Algérie des résultats d'une importance toute particulière : elle y aura, par corollaire, la réalisation de ces deux grandes *desiderata* de la colonie : l'inamovibilité de la Magistrature et la constitution du Barreau.

De la vénalité naquit l'inamovibilité, et, depuis lors, toutes deux ont suivi, dans l'histoire, une marche toujours parallèle. Au moment où tombait la vénalité, la loi des 16-24 août 1790, (titre 2, art. 4), déclarait que les juges seraient élus pour six ans. « Les juges ne sont pas » propriétaires de la justice, disait Duport devant la Cons- » tituante. Qu'est-ce que des emplois à vie, si ce n'est » une véritable propriété ? La perpétuité des juges était » une institution utile dans un autre ordre de choses ; elle » tenait à l'ancien régime ; elle en était une partie es- » sentielle ; semblable aux privilèges des corps et des » individus, elle servait de barrière au despotisme ; mais, » comme eux, elle nuisait à la liberté... (1)

L'inamovibilité a été rétablie par la constitution de l'an VIII, (art. 41 et 68), et aussitôt l'usage de céder les offices à clientèle a été admis par la tolérance du gouvernement et des tribunaux, jusqu'à ce qu'il fût autorisé par la loi.

Quant à la constitution du Barreau, elle sera le résultat naturel et nécessaire de la suppression du monopole des avocats-défenseurs, qui découlera elle-même de la vénalité des charges.

Ces mesures, il est vrai, auront pour effet une certaine augmentation des frais de justice et des charges du contribuable : et c'est là un argument dont on n'a point manqué de s'armer contre la vénalité. (2) Nous en

(1) *Histoire parlementaire*, A. V. P. 422. Voir aussi : E. Perriquet, *Tr. th. et prat. de la propr. et de la trans. des offices ministériels*, I, II, 1. — Dalloz, V° *Offices*, 15 *et seqn.* — Thiercelin, *Essai sur l'histoire du Droit.*

(2) Cet argument a précisément reçu en Algérie une application toute particulière. Au lendemain même du décret du 27 octobre 1858, le Conseil général de la province d'Alger eut à délibérer,

reconnaissons, quant à nous, toute la force, et ne chercherons point à le réfuter. Croit-on, pourtant, que la justice soit moins chère en Angleterre qu'en France, ou bien que la suppression des avoués par la Convention ait procuré une économie aux plaideurs ! — Mettez d'ailleurs en balance, d'une part cette légère augmentation de charges, d'autre part les avantages que nous avons énumérés plus haut : — et que le justiciable décide !

VI

Quels sont donc les arguments qui peuvent être opposés au principe de la libre transmission ?

Ces arguments se peuvent ramener à trois principaux :

Le premier, présenté par l'Administration, est tiré de l'intérêt fiscal. Nous l'avons examiné plus haut, et n'y reviendrons point.

Le second est tiré de la maxime : *Jus publicum privatorum pactis mutari non potest.* Les fonctions des officiers ministériels participent d'une véritable délégation de l'autorité publique. Convient-il, dès lors, d'accorder la libre transmission de cette délégation ? N'est-il point sans danger pour le gouvernement d'aliéner une telle force, de laisser s'établir à son encontre un tel privilège ?

Cet argument, sans être le plus sérieux, est assurément celui qui a opposé, jusqu'à ce jour, la résistance la plus vive à l'idée de la vénalité. Nul n'ignore, en effet, que c'est dans le sein de nos Parquets que cette idée a rencontré les plus vigoureux adversaires.

Nous répondrons brièvement, quant à nous, que l'article 91 de la Loi de 1816, loin de laisser l'Etat désarmé,

---

dans sa première session, sur un vœu qui lui était présenté par M. Litchlin en faveur de la promulgation en Algérie de l'art. 91 de la loi de 1816 : il ne le rejeta que sur les instances de M. le Préfet Gery, qui sut habilement faire valoir l'aggravation de charges qui résulterait de cette mesure.

lui met aux mains des garanties plus que suffisantes, en lui réservant le droit de repousser, sans motiver son refus, le candidat présenté par le titulaire, ainsi que le droit d'exercer son contrôle sur le traité de cession. Nous ne pouvons, d'ailleurs, nous empêcher de reconnaître, avec Rossi (1), que cette limitation du droit du gouvernement est peut-être un utile pondérateur à l'autorité immense qu'il exerce.

L'argument le plus grave qui puisse être invoqué contre le système de transmission inauguré par la Loi de 1816, réside dans une considération toute philosophique : la vénalité des offices, nous l'avons dit nous-même, constitue, au *point de vue théorique*, un monopole injuste et immoral.

Mais convient-il bien, dans une question où l'expérience et la tradition jouent un tel rôle, de s'en tenir à ce seul point de vue ? Nous ne le croyons point. Nous croyons, au contraire, qu'il convient de tenir compte des faits, et des heureux tempéraments que, dans la pratique, ils apportent à un principe peu équitable en apparence.

Or, quels ont été, dans l'histoire, les effets de la vénalité ? — L'inamovibilité de la magistrature et l'émancipation du tiers-état, c'est-à-dire la réalisation des deux grands principaux libéraux qui ont donné naissance aux Etats-Généraux de 1789 !

« La vénalité, en effet, devait produire une garantie
« d'indépendance pour la magistrature. Il était tout natu-
« rel qu'un juge, qui avait payé sa charge, eût le droit de
« la conserver : il stipulait ce droit. Sous Louis XI, cet
« usage devint un principe de droit ; on induisit dès lors,
« comme règle, l'inamovibilité de la magistrature : (or-
« donnance du 27 octobre 1467). » — (2).

Quant au tiers-état, la vénalité le seconda puissamment, en ce qu'elle brisa son unité, en créant dans son

(1) *Cours d'écon. polit.*, 16e leçon.

(2) Thiercelin, *Essai sur l'histoire du Droit.*

sein une véritable aristocratie, ce qui lui donna de la fierté et de l'élan: « Le premier résultat de cette inno-
« vation (l'établissement de la Paulette), dit l'historien
« du Tiers, fut d'élever à des taux inconnus jusqu'alors
« la valeur vénale des offices ; le second fut d'attirer sur
« les fonctionnaires civils un nouveau degré de considé-
« ration, celui qui s'attache aux avantages de l'hérédité.
« Moins de dix ans après, on voyait des passions et des
« intérêts de classes soulevés et mis aux prises par les ef-
« fets de ce simple expédient financier. Le haut prix des
« charges en écartait la noblesse, dont une partie était
« pauvre, et dont l'autre était grevée de substitutions ; et
« cela arrivait au moment même où, plus éclairés, les
« nobles comprenaient la faute que leurs aïeux avaient
« faite en s'éloignant des offices par aversion pour l'étu-
« de, et en les abandonnant au tiers-état. De là, entre les
« deux ordres, de nouvelles causes d'ombrage et de riva-
« lité, l'un s'irritant de voir l'autre grandir d'une façon
« imprévue dans des positions qu'il regrettait d'avoir au-
« trefois dédaignées; celui-ci commençant à puiser, dans
« le droit héréditaire qui élevait des familles de robe à cô-
« té des familles d'épée, l'esprit d'indépendance et de fier-
« té, la haute opinion de soi-même, qui étaient aupara-
« vant le propre des gentilshommes.» (1)

La noblesse avait bien prévu, d'ailleurs, ces conséquences de la vénalité, car elle se montra de tout temps fort hostile à ce régime, se plaignant amèrement que les charges *tombassent en démocratie*, que l'on constituât, au sein du tiers-état, une aristocratie rivale; déclarant *que les enfants de bonne famille n'avaient plus qu'à s'éloigner de l'étude, puisqu'il n'y avait plus à en tirer parti*, s'écriant *qu'il fallait murer les portes des collèges, pour ne pas peupler la France de savants inutiles et misérables* : (2) doléances qui devraient bien donner à réfléchir à

(1) Augustin Thierry, *Essai sur l'histoire du tiers état.* T. 7.

(2) — Voir Bazin, *Histoire de France sous Louis XIII* : I, p. 27 *et sequ...*

ceux qui se sont constitués les adversaires maladroits d'uue état de choses dont ils seraient les premiers à bénéficier.

Sans remonter aussi loin, que l'on considère ce qui se passe de nos jours. Combien de fois arrive-t-il, dans la pratique, que le premier clerc d'une étude, jeune homme sans fortune le plus souvent, mais dont le titulaire a pu apprécier l'intelligence et les services, épouse la fille de son patron, et succède à celui-ci dans sa charge, grâce aux facilités de payement que ces nouveaux liens lui procurent ? (1). — Combien de fois ne voit-on point l'officier ministériel, dont l'ambition légitime est, avant tout, de soutenir l'honneur et l'intérêt de sa charge, préférer ce simple clerc à son propre fils, chez lequel il ne trouve point les capacités ou les dispositions nécessaires.

Il faut bien le reconnaître, en dépit des déclamations de médiocrités déclassées, l'intelligence, le travail et le véritable mérite constituent, de nos jours, un capital puissant qui ne saurait rester improductif que par la faute de son possesseur. Et, que l'on en soit assuré, ce capital, dans la transmission des offices, a cours au même titre que le capital pécuniaire.

Mais il importe de hausser la question à un point de vue plus relevé, sans abandonner pour cela le terrain essentiellement expérimental et pratique sur lequel nous nous sommes placés.

De cette considération, que la propriété des offices n'a commencé à être attaquée, et ne l'a jamais été aussi vivement, qu'au lendemain des deux grandes révolutions dont la France a été le théâtre depuis 1816, M. Eugène Durand s'empresse de conclure *a priori* qu'il ne saurait

(1) — Voir dans la célèbre et spirituelle étude humoristique intitulée *Jérôme Paturot à la recherche d'une position sociale,* de M. Louis Reybaud, membre de l'Institut, un développements très-juste et très-vrai, sous sa forme légère, du point de vue que nous signalons.

y avoir lieu d'accepter qu'avec méfiance les critiques dont le principe de l'article 91 a été l'objet. Sans pousser aussi loin l'exagération, nous ne pouvons nous empêcher, pour notre part, de reconnaître ce que cette observation renferme de fondé. Le caractère propre des mesures révolutionnaires, en effet, est d'être plus généreux que pratique, plus enthousiaste que juste. Nous en avons ici une preuve nouvelle. Montesquieu, qui fit plus pour la Révolution que les législateurs de la période intermédiaire, avait placé la question sous son véritable point de vue, lorsqu'il prétendait le principe de la collation directe des offices applicable tout au plus dans la République de Platon, où tous les hommes sont vertueux, où toutes les lois sont respectées, où les passions sont supprimées. « C'est » au contraire dans les états despotiques, où il faut que » les sujets soit placés ou déplacés dans un instant par le » prince, que la vénalité doit être supprimée. QUAND LES » CHARGES NE SE VENDRAIENT POINT PAR UN RÉGLEMENT » PUBLIC, L'INDIGENCE ET L'AVIDITÉ DES COURTISANS LES » VENDRAIENT TOUT DE MÊME. » (1)

A la suite de ces paroles, que nous recommandons aux méditations de ces prétendus novateurs dont le libéralisme nous voudrait ramener de quelques siècles en arrière, qu'il nous soit permis de placer ici une page dont l'élévation et la vigueur de pensée font une admirable étude de moraliste, en même temps que la logique et la rigueur de la démonstration en font un argument irréfutable. Elle est empruntée au testament politique du cardinal de Richelieu. Ce témoignage *d'un homme qui se connaissait si bien en hommes*, selon le mot de Napoléon I, nous semble offrir le tableau le plus complet et le plus saisissant de ce débat où l'intérêt philosophique va jusqu'à dominer par instants le point de vue juridique:

« Bien que la suppression de la vénalité et de l'hérédité des offices soit conforme à la raison et à toutes

(1) *Esprit des Lois*, v. 19.

» les constitutions du droit, si est-ce néanmoins, que » les abus inévitables qui se commettraient en la distri» bution des charges, si dépendantes de la simple vo» lonté des rois, en ce qu'elles dépendraient de la » faveur et de l'artifice de ceux qui se trouveraient » plus puissants auprès d'eux, rendent la façon par » laquelle on y pourvoit maintenant plus tolérable que » celle dont on s'est servi par le passé, à cause des » grands inconvénients qui l'ont toujours acompagnée. » — *Il faudrait être aveugle pour ne connaître pas la » différence qu'il y a entre ces deux partis, et de ne » désirer pas de tout son cœur la suppression de la » vénalité et de l'hérédité des offices, supposé qu'en ce » cas les charges fussent distribuées par la pure consi» dération de la vertu. Aussi est-il impossible de ne » reconnaître pas qu'en tel cas les artifices de la cour » pourraient plus que la raison, et la faveur plus que le » mérite.* — Rien ne donna tant de moyen au duc de » Guise de se rendre puissant dans la ligue contre le » roi et son Etat, que le grand nombre d'officiers qu'a» vait introduits son crédit dans les principales charges » du royaume; et j'ai appris du duc de Sully que cette » considération fut le plus puissant motif qui porta le » feu roi à l'établissement du droit annuel; que ce grand » prince n'eut pas tant d'égard au revenu qu'il en pou» vait tirer, qu'au moyen de se garantir, à l'avenir, de » pareils inconvénients, et qu'encore que le fisc pût » beaucoup sur lui, la raison d'Etat y fut plus puissante » en cette occasion... AU LIEU QUE LA SUPPRESSION DE LA » VÉNALITÉ ET DE L'HÉRÉDITÉ DES OFFICES DEVRAIT OUVRIR » LA PORTE A LA VERTU, ELLE L'OUVRIRAIT AUX BRIGUES ET » AUX FACTIONS. Il n'y a personne qui ne sache que la fai» blesse de notre siècle est telle, qu'on se laisse aller » plutôt aux importunités, que conduire par la raison, » et qu'au lieu d'être guidé par la justice, on est d'or» dinaire emporté par la faveur. — L'expérience du » passé nous doit faire craindre l'avenir, tant parce

» qu'elle nous a toujours fait voir que les puissants en
» crédit gagnent souvent leur cause au préjudice de
» la vertu, que parce que le prince et les plus confidents
» ne pouvant connaître le mérite des personnes que
» par le jugement du tiers et du quart, il ne sauraient
» s'empêcher souvent de prendre l'ombre pour le corps.
» Si mon but était de m'acquérir par cet ouvrage l'in-
» clination du peuple, plutôt que de mériter sa bien-
» veillance en me rendant utile à l'Etat, je sontiendrais
» qu'il faut supprimer la vénalité et le droit annuel
» tout ensemble, chacun s'est tellement persuadé que
» ce sont deux sources des déréglements du royau-
» me, que la voix publique me donnerait des cou-
» ronnes sans examiner si je les aurais méritées...
» IL Y A DES ABUS QU'IL FAUT SOUFFRIR, DE PEUR DE
» TOMBER DANS DES SUITES DE PLUS DANGEREUSE CON-
» SÉQUENCE ; le temps et les occasions ouvriront les
» yeux à ceux qui viendront en un autre siècle pour faire
» utilement ce que l'on n'oserait entreprendre en celui-
» ci, sans exposer imprudemment l'Etat à quelque
» ébranlement . . . La constitution présente de l'Etat
» m'oblige à dire déterminément trois choses. La pre-
» mière est que si la vénalité était ôtée, le désordre qui
» parviendrait des brigues et des menées, par lesquelles
» on pourvoirait aux offices, serait plus grand que celui
» qui naît de la liberté de les acheter ou de les vendre.—
» La seconde, que si la seule hérédité était abolie, outre
» que la modération que l'on procurerait tous les jours
» au prix des offices qui viendraient à vaquer, rendrait
» les parties casuelles presque du tout infructueuses, et
» que, par ce moyen, on introduirait un sale commerce
» qui donnerait lieu à force gens de peu de mérite de
» partager secrètement les grâces que les rois pense-
» raient faire aux officiers, nous retomberions dans le
» mal dont le feu roi a voulu garantir cet Etat, lorsque,
» par l'établissement de la Paulette, il priva les grands
» du royaume du moyen de s'acquérir à ses dépens di-

» verses créatures qui puissent les servir en temps et » lieu, au préjudice des intérêts publics. — La troisième » est que, puisque la vertu des hommes n'est pas assez » forte pour se porter à préférer toujours le mérite à la » faveur. il vaut mieux laisser la vénalité et le droit » annuel, que d'abolir ces deux établissements difficiles » à changer tout d'un coup sans ébranler l'Etat. » (1).

Nous n'entrerons point dans l'examen des arguments subsidiaires qui peuvent être opposés au principe de la libre transmission : tous ne peuvent ramener, d'une façon plus ou moins directe, à celui dont nous venons d'entendre l'éloquente réfutation.

Nous n'entrerons point davantage dans l'examen du système qui consiste à procéder par la voie du concours à la collation des offices : l'expérience en a démontré les inconvénients. La loi des 29 septembre — 6 octobre

---

(1) *Testam. polit.*, chap. IV, sect. 1. — C'est peut être ici le lieu de donner l'indication des sources où l'on pourra puiser les élément d'une étude plus complète que celle que nous offrons au public. Outre les auteurs mentionnés au cours de ce travail, il est utile de consulter les ouvrages suivants :

Traité des offices désignés dans l'article 92 *de la loi du* 28 *avril* 1816, par M. le chevalier Dard. in-8°, Paris, Hingray, 1838. — *Opinion sur la vénalité des offices ministériels*, par M. Sarget, in-8°, Paris, Mad. Goulet, 1839. — *Questions sur la transmission des offices*, par M. Joye, in-8°, Paris, Durand, 1839. — *De la transmission des offices, des contre-lettres et des poursuites disciplinaires auxquelles elles peuvent donner lieu*, par Adolphe T., in-8°. Paris, Delamotte, 1840. — *Histoire des offices*, par Bataillard, 1 vol. 1840. — *De la discipline des cours et des tribunaux, du barreau et des corporations d'officiers publics*, par A. Morin, 2e édit. 2 vol. in-8°, Paris, Joubert, 1844. — *De la compétence, ou des attributions respectives des divers officiers publics, notaires, commissaires-priseurs, etc*, par M. Gand. in-8°, Paris, imp. de Poussielgue, 1844. — *Du privilège des vendeurs d'offices sur les sommes fixées par la chancellerie et imposées aux successeurs des titulaires destitués*, par Huet, in-8°, Paris, imp. de Crapelet, 1847. — *De la situation et de l'avenir des officiers ministériels*, par Henri Cauvain, in-8°, Paris, Laisné, 1848. — *Essai sur la transmission des offices ministériels*, par un Magistrat, in-8°, Rennes, Verdier, 1848. — *Réquisitoire de*

1791, avait mis ce système en vigueur pour le remplacement des notaires : il tomba, en l'an XI, sous les coups du Rapporteur de la Loi de Ventôse.

VII

Les considérations qui précèdent, — on l'aura remarqué peut-être, — ne s'appliquent point, sans distinction, à toutes les catégories d'offices : elles ne s'appliquent, et ne peuvent s'appliquer, qu'aux charges que Loiseau désignait, dans l'ancien droit, sous le nom d'*offices à clientèle*.

Encore ne s'appliquent-elles point, parmi ceux-ci à tous avec la même force. Elles sont d'une importance capitale en ce qui concerne les Notaires et les Défenseurs ; en ce qui concerne les Huissiers et les Commis-

---

M. Dupin, procureur général à la Cour de cassation, dans la question des clauses compromissoires appliquées aux ventes et à la fixation du prix des *offices, etc.*, audience du 30 juillet 1850, in-8°, Paris, imp. de Panckouke, 1850.— *Examen des droits des officiers ministériels à la propriété de leurs offices ; Etat de la législation jusqu'à la Révolution de* 1848, in-4°, imp. de Maulde, 1852. — *L'officier ministériel*, recueil spécial des lois, décrets, arrêts et décisions judiciaires, etc., publié sous la direction de M. Dusser, Janvier 1853, in-8°, Paris, imp. de Gratiot, 1853,— *Du notariat et des offices*, par Jeannest-Saint-Hilaire. — Bellet, *Offices.* — Vuatiné, *Du droit de transmission des offices.*— Vraye, *Du remboursement des offices.*— Dalloz, rép v. *Offices.*

Parmi les documents législatifs ou officiels, nous citerons :

Circulaire du 21 février 1617. — Discussions, à la Chambre des députés, relatives à la limitation, par voie réglementaire, du prix des offices, (séances des 18 et 30 septembre 1830, 12 février et 24 septembre 1831 ; *Moniteur* du lendemain). — Résolution de la Chambre contraire à cette limitation (séances des 1 et 29 octobre 1831 ; *ibid.*).— Discussion à la Chambre des Députés, relative aux offices de création nouvelle (séance du 30 juin 1837). —Discussion à la Chambre des Députés sur la propriété et la vénalité des offices. (séance du 3 Février 1838, *Moniteur* du 4). — Discussion à la Chambre des Pairs sur la création et la vénalité des offices (séance du 4 avril 1838). — Création par le Garde des Sceaux d'une

saires-Priseurs, elles offrent un moindre intérêt ; elles n'ont rien de commun avec les charges de greffiers.

Cette distinction n'est point subtile ; elle n'est surtout point nouvelle.

Durant la période intermédiaire, qui vit la suppresssion de toute hérédité et de toute vénalité, les offices *de fonctions, de judicature et de municipalités* disparurent les premiers ; ce ne fut qu'au dernier moment que l'on porta la main sur les offices à clientèle : — et ceux-ci furent les premiers à se reconstituer.

Bourjon (1), en ce qui concernait les notaires et les procureurs, reconnaissait aussi, à côté de l'office proprement dit, émanant de la puissance publique, la *pratique*, qui était l'œuvre du titulaire, et qui avait sa nature propre en dehors de l'office,

Et si nous voulions remonter plus haut encore, nous

---

commission chargée d'examiner les questions qui se rattachent à la création et à la transmission des offices (*Moniteur* des 5 et 8 septembre 1838 ; circulaire du 11 novembre 1839). — Discussion de la commission des offices et résumé de ses travaux (*Gazette des Tribunaux* des 11, 18, 25 et 30 novembre 1839 ; *Moniteur* du 30 décembre ; *Gazette des Tribunaux* des 4, 14, et 22 décembre; *Journal des Débats* du 24 décembre). — Réponses du Ministre de la Justice et du roi à la députation des notaires de l'arrondissement de Dreux (Journal le *Siècle*, 28 novembre, 1 et 2 décembre 1839). — Rapport presenté à l'Assemblée constituante sur la propriété des offices, le 9 décembre 1848, par M. Randoing, (*Moniteur* du 10) — Rapport du 19 décembre 1848, sur la même question, par M. Aubry (*Moniteur* du 20).

Enfin, en ce qui concerne particulièrement la transmission des offices en Algérie, nous citerons, outre la brochure dont nous avons parlé plus haut (v. p. 6) :

Procès-verbaux des séances du Conseil général de la province d'Alger : Session de 1858, séance du 17 décembre.

De l'inamovibilité de la magistrature et du droit de transmission des charges en Algérie, par A. de F. ancien employé supérieur. — Alger, Rifa et Pézé, 1856.

Cahiers algériens, p. 112, etc.

(1) *Droit commun de la France*, T. I, p. 375.

retrouverions les germes de cette distinction, qui d'ailleurs, ainsi que l'observe Dalloz, est fondée sur la nature même des choses, jusque dans les lettres patentes du 10 octobre 1370, dans celles du 30 janvier 1407, et dans l'édit du 1er décembre de la même année.

La clientèle des commissaires-priseurs et surtout celle des huissiers est plutôt une clientèle d'habitude qu'une clientèle de confiance. Quant aux greffiers, dont on a dit assez ingénieusement qu'ils n'étaient que la plume du juge, ils n'ont point de clientèle du tout, et, au point de vue moral, ils se trouvent sous l'action directe des parquets. « Ils sont membres du tribunal, dit Morin (1); » c'est une fonction proprement dite qu'ils exercent; » pour eux, il n'y a ni clientèle formée par une réputa» tion de talent et d'honorabilité, ni produits obtenus » par des soins exclusivement personnels; ce qu'ils re» çoivent est, ou un traitement payé par l'Etat, ou un » émolument à eux abandonné et qui pourrait être per» çu par le trésor public... Ce ne sont pas des offi» ciers publics proprement dits. »

Il n'y aurait donc aucun inconvénient, croyons-nous, à faire une distinction entre ces différentes classes d'offices.

Tandis que la vénalité présente chez les uns tous les avantages que nous avons étudiés ci-dessus, elle ne présente chez les autres, et cela sans compensation, que les inconvénients qu'on lui a tant reprochés.

VIII

Il ne nous appartient point d'indiquer ici les moyens d'application de la mesure dont nous croyons devoir réclamer l'adoption.

A quel chiffre convient-il de porter le droit que le titulaire de l'office dont la propriété lui sera concédée, devra payer à l'Etat ?

---

(1) *Discipline*, n° 484.

Dans quelles limites sera-t-il fait application du droit de présentation que consacre l'article 91 de la loi de 1846, et, sur ce point, n'y a-t-il point lieu à une réglementation complète et définitive de ce droit ?

Telles sont les deux grandes questions qui s'imposeront à l'étude du législateur, et que seul il est en droit et en mesure de résoudre.

Aux termes de l'article 12 de la loi du 25 juin 1841, lors de la *création* d'un office, dans la métropole, le titulaire paye à l'Etat, pour l'obtention du *titre nud*, un droit de 20 0/0 sur le chiffre du cautionnement auquel il est assujetti.

Mais comme il s'agit, dans l'espèce, non point de titres nuds, mais de titres ayant déjà une valeur acquise, on a proposé, nous l'avons vu plus haut (1), de fixer le droit à percevoir par l'Etat au double du cautionnement lui-même.

Nous nous contenterons, quant à nous, d'observer que ce chiffre nous paraît encore *de beaucoup* insuffisant.

Quant aux modifications ou aux tempéraments qu'il conviendrait d'apporter au principe de la loi de 1816, nous ne croyons pas qu'à cet égard une situation exceptionnelle doive être créée à l'Algérie : les réformes que nous voudrions voir adopter présentent dans la métropole le même caractère d'urgence que dans la colonie.

Les lacunes de la loi de 1816 n'ont été remplies jusqu'ici que par des circulaires ministérielles et par les décisions de la jurisprudence. Une loi spéciale assurerait l'indépendance des titulaires, fixerait sans retour les droits des ayant-cause, donnerait en un mot à l'institution une stabilité qui lui manque.

L'article 91 de la loi de 1816 portait :

« Il sera statué par une loi particulière sur l'exécu-
» tion de cette disposition, et sur les moyens d'en faire
» jouir les héritiers ou ayant-cause desdits officiers. »

(1) LOCO CIT. : *De la libre transmission des offices en Algérie.*

Le moment n'est-il point venu d'accomplir cette promesse formelle, et la promulgation en Algérie de la loi de la métropole n'en pourrait-elle point fournir l'occasion ?

Les principaux points de cette réforme consisteraient à réprimer l'abus des contre-lettres (1), à déterminer d'une manière plus sûre la valeur des offices, à régler la transmission du droit de présentation, à garantir les droits des créanciers, en cas de faillite ou de destitution du cessionnaire, et, notamment, à faire porter, ainsi qu'il en avait été question en 1840 et 1850, le privilège du cédant sur l'indemnité mise à la charge de l'officier failli ou destitué, etc...

Mais nous n'avons point à tracer ici un programme : qu'il nous suffise d'indiquer, en passant, l'importance et la nécessité d'un travail de révision dont le Gouvernement lui-même avait paru se préoccuper dès 1840.

La promulgation en Algérie de l'article 91 de la loi de 1816 ne ferait guère que consacrer une situation qui tend insensiblement, par la force même des choses, et par leur logique, à s'établir en fait.

Nous l'avons vu : en dépit des ordonnances de 1314, de 1327, de 1393, de 1407, de 1413, etc., la vénalité existait avant François I et Henri IV, qui la sanctionnèrent.

En dépit de la nuit du 4 août et des lois révolutionnaires, elle avait reparu déjà, dès le Consulat, lorsque la loi du 28 avril 1816 la vint rétablir.

---

(1) M. Eug Durand propose, à ce sujet, que l'authenticité de l'acte de cession soit rendue exigible.

De même, en dépit des arrêtés des 1er juin et 26 novembre 1851, des 26 novembre et 30 décembre 1842, et de l'ordonnance du 9 décembre 1845, qui l'ont formellement prohibée en Algérie, la constitution progressive de la clientèle, l'habitude et la nécessité, à défaut d'une tradition féconde, l'auront introduite dans les mœurs de notre colonie, lorsque la mesure, que nous appelons de tous nos vœux, viendra la lui accorder.

Déjà nous pourrions signaler les indices précurseurs de l'abus que nous prévoyons. Nous pourrions citer des officiers qui ont versé une somme déterminée entre les mains de la veuve et des héritiers de leurs prédécesseurs ; nous en pourrions citer qui ont imposé un prix à la cession de leurs minutes et dossiers ; nous en pourrions citer qui ont été, à l'aide de certaines connivences, jusqu'à constituer, dans la transmission de leurs offices, une sorte d'hérédité au profit des leurs.

Que le gouvernement prenne l'initiative d'une réforme nécessaire, qui s'accomplit sans lui, malgré lui, — contre lui !

Est-on décidé enfin à doter l'Algérie d'une organisation judiciaire complète et sérieuse ? — L'inamovibilité de la magistrature, la constitution du Barreau, l'exercice de la libre transmission des charges, telles en sont les bases nécessaires.

Il ne saurait exister, pour la collation des offices, que trois modes possibles :

Abandonner à l'Etat le soin de choisir arbitrairement les titulaires, c'est ouvrir la porte à l'intrigue ;

Le concours, dix années d'expérience en ont fait justice :

Nous laissons au lecteur le soin de conclure.

Ce n'est point, nous le savons, sans une certaine répugnance, que tout esprit un peu libéral en arrive à reconnaître la nécessité d'une mesure qui porte un si vilain nom : *la Vénalité.*

Nous croyons toutefois que ce sentiment ne saurait résister à une étude sincère et sérieuse de la question : c'est ce que nous sommes efforcé de démontrer le plus simplement et le plus brièvement possible.

Alger, le 31 mai 1874.

FIN

Alger. — Typographie Bouyer.

www.ingramcontent.com/pod-product-compliance
Ingram Content Group UK Ltd.
Pitfield, Milton Keynes, MK11 3LW, UK
UKHW020958230726
13923UKWH00007B/2224